BEI GRIN MACHT SICH IHR
WISSEN BEZAHLT

- Wir veröffentlichen Ihre Hausarbeit,
  Bachelor- und Masterarbeit

- Ihr eigenes eBook und Buch -
  weltweit in allen wichtigen Shops

- Verdienen Sie an jedem Verkauf

Jetzt bei www.GRIN.com hochladen
und kostenlos publizieren

GRIN

Bibliografische Information der Deutschen Nationalbibliothek:

Die Deutsche Bibliothek verzeichnet diese Publikation in der Deutschen National-
bibliografie; detaillierte bibliografische Daten sind im Internet über http://dnb.d-
nb.de/ abrufbar.

Impressum:

Copyright © 2018 GRIN Verlag
Druck und Bindung: Books on Demand GmbH, Norderstedt Germany
ISBN: 9783668770782

Dieses Buch bei GRIN:

https://www.grin.com/document/436082

Lion Beständig

Preismanagement & Kooperationen, Strategische Analysemethoden (Five Forces, SWOT, BCG), Corporate Identity, Digitalisierung

Strategische Analysemethoden anhand des Fallbeispiels "Freeletics", Corporate Identity anhand des Fallbeispiels "Kieser Trainings"

GRIN Verlag

GRIN - Your knowledge has value

Der GRIN Verlag publiziert seit 1998 wissenschaftliche Arbeiten von Studenten, Hochschullehrern und anderen Akademikern als eBook und gedrucktes Buch. Die Verlagswebsite www.grin.com ist die ideale Plattform zur Veröffentlichung von Hausarbeiten, Abschlussarbeiten, wissenschaftlichen Aufsätzen, Dissertationen und Fachbüchern.

Besuchen Sie uns im Internet:

http://www.grin.com/

http://www.facebook.com/grincom

http://www.twitter.com/grin_com

Deutsche Hochschule für
Prävention und Gesundheitsmanagement
Hermann Neuberger Sportschule 3
66123 Saarbrücken

Einsendeaufgabe

Fachmodul:	Marketing II
Studiengang:	Fitnessökonomie (BFÖ)
Datum Präsenzphase:	18.06 – 21.06.18
Name, Vorname:	Beständig, Lion
Studienort:	Stuttgart
Semester:	SS16

Inhaltsverzeichnis

1 Preismanagement und Kooperationen

1.1 Preiselastizität der Nachfrage

Es ist wichtig zu wissen, wie sich die nachgefragte Menge bei einer kleinen Preisänderung verändert, dies wird mit der Preiselastizität ausgedrückt.

Die Preiselastizität der Nachfrage lässt sich mit folgender Formel berechnen:

$$(\varepsilon) = \frac{\text{Änderung der Menge in \%}}{\text{Änderung des Preises in \%}}$$

Wobei die Änderung der Menge/Nachfrage mit folgender Formel zu errechnen ist:

$$\Delta \text{ Menge} = \frac{N(neu) - N(alt)}{N(alt)}$$

Und die Änderung des Preises mit dieser Formel:

$$\Delta \text{ Preis} = \frac{P(neu) - P(alt)}{P(alt)}$$

Wenn also nun der Preis der Mitgliedschaft von 40,90€ bei 2.700 Mitgliedern auf 45,90€ bei 2.400 Mitgliedern erhöht erhalten wir folgende Preiselastizität:

$$\Delta \text{ Menge} = \frac{2.400\ Mitglieder - 2.700\ Mitglieder}{2.700\ \text{Mitglieder}} = (-)0,11 * 100\% = (-)11\%$$

$$\Delta \text{ Preis} = \frac{45,90€ - 40,90€}{40,90€} = 0,12 * 100\% = 12\%$$

$$(\varepsilon) = \frac{(-)11\%}{12\%} = (-)0,92$$

Die Elastizität der Nachfrage ε liegt bei (-)0,92 und ist somit unelastisch (da $\varepsilon < |1|$ ist), sodass eine 1-prozentige Preisänderung eine weniger als 1-prozentige Mengenänderung zur Folge hat. Das heißt, die Nachfrage reagiert nur relativ schwach/träge auf eine Preisänderung (hier Preiserhöhung). Jedoch bewirkt eine Preiserhöhung, dass der Umsatz von 110.430€ (40,90€ x 2.700 Mitgliedern) auf 110.160€ (45,90€ x 2.400 Mitgliedern) sinkt und somit ein Verlust von 270€ erwirtschaftet wird.

Auf Grundlage der Ergebnisse ist es nicht empfehlenswert den Preis von 40,90€ auf 45,90€ anzuheben, da der Umsatz sinken würde.

1.2 Preisbildung

1.2.1 Anlässe der Preisbildung

Die X&Y Health GmbH steht vor der Entscheidung neue Studios auf dem Fitness- & Gesundheitsmarkt zu etablieren, weshalb die Markterschließung der Anlass zur Preisbildung ist. Das Unternehmen besteht aktuell aus fünf Studios, weshalb es eine bestehende Leistung ist, aber neue Filialen am Markt etablieren möchte. Orientiert wird sich vor allem an der vorhandenen internen Preisstruktur der anderen Studios im mittleren und hohen Segment. Ziel ist es einen Mitgliedsbeitrag zu ermitteln, sodass der höchste Gewinn realisiert werden kann. Dabei wird die Marktentwicklung als Strategie nach der Produkt-Markt-Matrix nach Ansoff angestrebt, das heißt eine vorhandene Dienstleistung (Produkt) auf einem neuen Markt. Jedoch ist die Markterschließung hierbei auf einer rein geographischen Ebene, da die Standorte der neuen Filialen auf nationalen Gebiet erweitert werden, es aber keine Information gibt, das neue Zielgruppen erschließt werden möchten.

1.2.2 Kostenorientierte Preisbildung

Bei dem Kostenorientierten Preisbildungsverfahren werden die betriebsindividuellen Kosten genutzt um einen Preis zu ermitteln. Nachfrage- und Wettbewerbssituationen werden jedoch bei diesem Verfahren nicht berücksichtigt, was im schlimmsten Fall dazu führen kann, dass das Produkt zu einem Preis angeboten wird, zu dem kein Kunde bereit ist ihn zu kaufen (Kotler, Keller, & Bliemel, 2007, S. 786-787).

Nachfolgend wird der Mitgliedsbeitrag pro Monat (brutto) mittels des kostenorientierten Ansatzes auf Basis des Zuschlagverfahrens errechnet:

- Fixe Kosten Kf = 650.000€ (netto)
- Variable Kosten kv = 8,50€/Stück pro Monat (netto)
- Erwarteter Absatz M = 2.800 Mitglieder

$$\text{Stückkosten} = kv + \frac{Kf}{\text{Menge}} = 8,50€ + \frac{\frac{650.000€}{12 \text{ Monate}}}{2.800 \text{ Mitglieder}} = 27,85€/\text{Stück pro Monat (netto)}$$

Der Gewinnaufschlag der X&Y Health GmbH liegt bei 15%:

Preis (+GA) = 27,85€/Stück pro Monat * 1,15 = 32,03€/Stück pro Monat (netto)

Preis (brutto) = 32,03€/Stück pro Monat * 1,19 = 38,12€/Stück pro Monat (brutto)

Der endgültige Mitgliedsbeitrag (brutto) pro Monat beträgt 38,12€ und bringt der X&Y Health GmbH bei einem Absatz von 2.800 Mitgliedern einen Gewinn von 11.704€ pro Monat ein (32,03€ - 27,85€ = 4,18€ Gewinn/Stück * 2.800 Mitgliedern = 11.704€ Gewinn).

1.2.3 Konkurrenzorientierte Preisbildung

Bei einer konkurrenzorientierten Preisbildung wird der Preis nicht nach der unterneh-mensindividuellen Kosten- oder Nachfragesituation ausgerichtet, sondern er richtet sich nach der Konkurrenz (Weis , 2015). Da die Konkurrenz mit einem Mitgliedsbeitrag von 29,95€ (brutto) bei gleicher Positionierung in den Markt einsteigt, bleiben folgende Mög-lichkeiten: man setzt nun den gleichen, einen niedrigeren oder höheren Preis für die Mit-gliedschaft an. Der Markt der Fitness- & Gesundheitsbranche ist ein polypolistischer Markt, das heißt es gibt viele Anbieter, jedoch auch viele Nachfrager. Aus dieser Sicht ist eine Konkurrenz im ersten Augenblick nichts, was einen aus der Ruhe bringen sollte. Die X&Y Health GmbH sollte ihre Preise nicht senken, sondern auf dem gleichen Niveau bleiben wie bisher, da es ansonsten im Auge des Kunden zu einer Verminderung der Qualität des Produktes kommen kann. Dem Kunden ist bewusst, dass es unterschiedliche Preise am Fitnessmarkt gibt und ist ebenfalls gewillt unterschiedliche Preise zu bezahlen. Die X&Y Health GmbH sollte vielmehr eine Qualitätsführerschaft anstreben und das schon vorhandenen hohe Service- und Dienstleistungsorientierte Verhalten weiter stärken und vermarkten, um den Kundenrückgang so klein wie möglich zu halten. Ferner ist zu der gegebenen Konkurrenz nicht viel mehr bekannt.

2 Strategische Analysemethoden

2.1 Five-Forces-Modell

Die fünf Wettbewerbskräfte (Five-Forces) nach Porter beschreiben die Rentabilität bzw. die Marktattraktivität einer Leistung oder Produktes. Somit spiegelt das Modell die Ver-handlungsmacht des Unternehmens wieder. Folgende fünf Kräfte werden genannt (Bea & Haas, 2013):

- Verhandlungsstärke der Lieferanten: Da Freeletics ein rein App-basiertes Trai-ningsprinzip verfolgt, haben wir keine Lieferanten bzw. Zulieferer, da es kein physisches Produkt ist. Zwar vertreibt das Unternehmen auch Klamotten und Trainings-Accessoires, diese werden aber als eigene Marke produziert und ver-marktet. Somit ist Freeletics unabhängig von sämtlichen Zulieferern.

- Bedrohung durch potenzielle neue Anbieter: Durch die vorhanden vergleichsweise niedrigen Markteintrittsbarrieren können potenzielle Mitbewerber schnell zu einer Bedrohung werden. Gerade das stetige Wachstum des Fitnessmarktes macht den Markt so attraktiv für Unternehmen einen Markteintritt vorzunehmen und somit zur Konkurrenz zu werden. So lag die Reaktionsquote 2016 noch bei 11,5% (Arbeitgeberverband deutscher Fitness- und Gesundheitsanlagen [DSSV], 2016), 2017 schon bei 12,3% (Arbeitgeberverband deutscher Fitness- und Gesundheitsanlagen [DSSV], 2017), das heißt ein Wachstum von ca. 0,8% binnen eines Jahres. Dies spiegelt ebenfalls das steigende Bewusstsein der Bevölkerung gegenüber eines aktiven und Gesundheitsbewussten Lebens wieder. Eine aktuelle Bedrohung stellt sicherlich das Wachstum an Fitnessstudiointernen Apps da, zwar wird diese primär als Informationskanal in den Studios genutzt, aber immer mehr auch an die Trainingsplanung und Trainingsgestaltung angepasst. Die Möglichkeit zum Beispiel auch Kurse zu streamen, liegt hier sehr nahe.
- Verhandlungsstärke der Abnehmer (Kunden): Die Kunden von Freeletics haben eine sehr hohe Verhandlungsstärke, da es für sie sehr leicht ist die App zu deinstallieren und zur Konkurrenz zu wechseln, da für den Kunden keine Umstellungskosten entstehen. Durch seine große kostenlose Plattform schafft Freeletics ebenfalls eine sehr hohe Preisempfindlichkeit bei seinen Kunden „warum auf einmal für was bezahlen, was es auch kostenlos gibt?". Das alles führt dazu, dass Freeletics keine Verhandlungsstärke gegenüber den Abnehmern aufweisen kann.
- Bedrohung durch Ersatzprodukte: Ersatzprodukte gibt es in der heutigen technisch fortgeschrittenen Gesellschaft wie Sand am Meer. Neben Freeletics reihen sich Programme wie Gymondo, Ich mach Dich Krass, Cyberobics etc. an. Jedoch grenzt sich Freeletics von allen Programmen erheblich durch seine Produktvielfalt ab. Neben den verschiedenen Apps/Programmen wie Freeletics Training Coach, Freeletics Bodyweight, Freeletics Running oder Freeletics Gym versucht sich das Unternehmen ziemlich breit auf dem Markt aufzustellen um eine möglichst große Zielgruppe anzusteuern. Vor allem mit Freeletics Gym versucht das Unternehmen ein Zusatzprodukt zu den herkömmlichen Fitnessstudios zu sein und sieht das Fitnessstudio nicht als Ersatzprodukt. Ein weiteres Ersatzprodukt stellt der Personaltrainer da, der neben der Betreuung/Motivation eine bessere Beeinflussung auf den Kunden bietet, jedoch ist der Kunde hier Termingebunden und kann den Sport nicht immer und überall spontan durchführen.

Das Unternehmen versucht durch seine App Vielfalt die Bedrohung durch Ersatzprodukte zu minimieren und erschließt immer neue Zielgruppen.

- Rivalitäten der Mitbewerber: Durch den stetigen Branchenwachstum reihen sich neben Freeletics unzählige Workout Apps, wie Madbarz oder Workout Trainer by Skimble auf dem Markt. Jedoch der größte Konkurrent des Unternehmens stellt Runtastic da. Freeletics verschrieb 2017 eine Mitgliederanzahl von ca. 14 Millionen Nutzern (Freeletics GmbH, 2017), während Runtastic (seit 2015 ein Tochterunternehmen von adidas) 2013 ganze 25 Millionen aktive Nutzer verschrieb (Runtastic GmbH, 2013). Es gibt einen so hohen Wettbewerb in der Branche da die Produkte (nicht physisch) sich kaum unterscheiden und homogen auf dem Markt wirken. Ebenfalls gibt es kaum Austrittsbarrieren.

2.2 Durchführung einer SWOT-Analyse

Die „SWOT"-Analyse steht für die vier Begriffe Stärke („strength"), Schwäche („weakness"), Chancen („Opportunities") und Risiken („threats") und soll die erfolgskritischen Faktoren der externen und internen Analysen aufzeigen (Kotler, Keller, & Opresnik, 2015, S. 62-63). Die nachfolgende Tabelle zeigt solch eine SWOT-Analyse für die Freeletics GmbH.

Tabelle 1: SWOT-Analyse für die Freeletics GmbH

Stärke ("strength")	Schwäche ("weaknesses")	Chancen ("oppurtunities")	Risiken ("threats")
Schnellwachsendes Unternehmen (Juni 2014 – 1 Millionen User, Februar 2017 – 14 Millionen User) (Freeletics GmbH, 2017) Umsatz lag 2015 bei 16 Millionen EUR, 2014 bei 4 Millionen EUR (Scherkamp, 2016)	Nicht für jeden geeignet, vor allem nicht für Leute mit Gesundheitlichen Problemen wie Bandscheibenvorfälle etc.	Starke Smartphone Affinität der Bevölkerung, so besitzen 2017 54 Millionen Deutsche ein Smartphone (Bitkom e.V., 2017)	Preisdruck durch Discount-Fitnessstudios, da vergleichbare Positionierung
Vielfältiges Produktportfolio (z.B.: Freeletics Bodyweight, Freeletics Running, Freeletics Coaching, Freeletics Gym etc.) (Freeletics GmbH, 2017)	Niedriger Emotionaler Erlebniswert, durch fehlende persönliche Beratung bzw. Austausch mit Trainern/Trainierenden	Zielgruppe vermehrt auf Frauen ausrichten um die Reichweite zu erhöhen, da in Summe bisher mehr Männer angemeldet sind (Scherkamp, 2016)	Hoher Wettbewerb durch andere Anbieter wie Runtastic und dadurch resultierende Marktverdrängung
Starke und klare Marketingpräsenz mit Fokussierung auf die Community	Nischenorientierte Positionierung mit ausschließlich digitalen Angebot	Ausbau der Marktentwicklung in neue Länder durch neue auswählbaren Sprachen innerhalb der App (Freeletics GmbH, 2017)	Steigendes Bewusstsein der Kunden in Bezug auf eine gute persönliche Betreuung beim Training (Arbeitgeberverband deutscher Fitness- und Gesundheits-Anlagen [DSSV], 2018)

2.3 Erstellung einer SWOT-Matrix

Für ein Unternehmen kann ein neuer Trend sowohl eine Chance, als auch ein Risiko darstellen. Wichtig ist hierbei, wo vor allem die Stärken und wo die Schwächen des Unternehmens liegen (Kotler, Armstrong, Wong, & Saunders, 2011, S. 101). Nachfolgende Tabelle bezieht sich auf die Ergebnisse der SWOT-Analyse aus Tabelle 1.

Tabelle 2: SWOT-Matrix auf Grundlage der Ergebnisse aus Tabelle 1 in Bezug auf die Freeletics GmbH

	Chancen („oppurtunities")	Risiken („threats")
Stärke („strength")	S-O-Strategien: - Die Zielgruppe vermehrt auf Frauen ausrichten, durch ein breites Produktportfolio, das auch auf die Bedürfnisse der Frauen eingeht - Die schnellwachsende User Anzahl nutzen, um in neue Märkte bzw. Länder vorzudringen und somit den Marktanteil zu steigern	S-T-Strategien: - Großes Produktportfolio nutzen, um auf dem Markt wettbewerbsfähig zu bleiben - Schnellwachsenden hohen Marktanteil nutzen, um den Preisdruck der Discount-Fitnessstudios abzuwenden und umzukehren
Schwäche („weaknesses")	W-O-Strategien: - Das Angebot um analoge Inhalte erweitern, um vermehrt den Frauenanteil innerhalb der Zielgruppe zu erhöhen - Niedrigen emotionalen Erlebniswert erhöhen, durch lizensierte Freeletics Kurse in Fitnessstudios und somit Ausweitung der Produktvielfalt	W-T-Strategien: - Der niedrige emotionale Erlebniswert darf nicht dazu führen, dass das Bewusstsein der Kunden in Bezug auf die persönliche Betreuung während des Trainings Einfluss nimmt - Die nischenorientierte Positionierung mit ausschließlich digitalem Angebot, darf nicht zum hohen Wettbewerbsdruck und daraus resultierender Marktverdrängung durch Mitbewerber führen

2.4 BCG-Portfolio und Produktlebenszyklus

Fitnessapps erfreuen sich an einem stetig steigenden Marktwachstum und haben eine hohe Wachstumsrate. Sie werden deshalb als Stars („Sterne") in dem Marktanteils-Markwachstums-Portfolio von der Boston Consulting Group (BCG) eingeordnet. Zurzeit sind hohe Investitionen nötig, um das Wachstum weiter anzutreiben.

Jedes Produkt, so auch Freeletics, durchläuft den Produktlebenszyklus und unterscheidet sich lediglich in Ausprägung und Dauer der einzelnen Phasen. Der Produktlebenszyklus besteht aus vier bis sechs Phasen und hat einen glockenförmigen Verlauf (Nieschlag, Dichtl, & Hörschgen, 1997, S. 903). Das Unternehmen Freeletics befindet sich zurzeit in der dritten Phase, die Wachstumsphase. Sowohl die Phasen der Entwicklung als auch die Einführung liegen hinter dem Unternehmen. Freeletics unterscheidet sich von dem idealtypischen Produktlebenszyklus, indem sie noch innerhalb der Wachstumsphase das Produktportfolio durch Modifikationen (Relaunch) erweitern, bevor eine Sättigung der Zielgruppe erreicht werden kann.

2.5 Fazit

Freeletics und andere Fitness-App Anbieter stellen derzeit eine große Konkurrenz da, da sie jederzeit abrufbar sind und vor allem der Kunde viel Geld sparen kann im Vergleich zum herkömmlichen Fitnessstudio. Auf Grundlagen der Positionierung der Fitnessapps in dem Marktanteils-Marktwachstums-Portfolio ist es sinnig, eine eigene App für die Kunden der eigenen Fitnesskette zu implementieren oder auch alternativ mit einer schon vorhandenen App zu kooperieren. Gerade der stetige Wachstum an einem Technik affinen Publikum und die für uns niedrigen Markteinstiegsbarrieren bekräftigt die Entscheidung weiter. Die SWOT-Analyse zeigt welches Zukunftspotenzial Apps auf dem Fitness- und Gesundheitsmarkt haben und versprechen weitere Markterschließungen und eine Vergrößerung der Zielgruppe.

3 Corporate Identity

3.1 Interview-Analyse

3.1.1 6 Anzeichen für eine Überarbeitete Corporate Identity am Fallbeispiel Kieser Training

Das bei Kieser Training eine Überarbeitung der Corporate Identity stattgefunden hat, kann man klar an folgenden 6 Anzeichen erkennen:

1. Corporate Identity wurde von Grau und Gelb zu Blau verändert, um nicht mit einem Lebensmittel Discounter assoziiert zu werden.
2. Ein neuer Leitsatz wurde in Zusammenarbeit mit der Werbeagentur Kunde & Co entwickelt: „Ja zu einem starken Körper.".
3. Neue Werbekanäle wurden implementiert und sorgen für eine bessere Kommunikation, darunter Webseite, Soziale Medien, Kundenmagazine und einem Blog von Werner Kieser selbst.
4. Neues Print-On-Demand-System, damit die Studios selbst Anpassungen an den vordefinierten Werbeelementen vornehmen und mit minimalen Kostenaufwand produzieren lassen können.
5. Entwicklung und Vertrieb drei neuer Maschinentypen für das Sprunggelenk und den Beckenboden und hohe Investitionen in die Forschung.
6. Zielgruppenanpassung auf 30-50 Jahren mittels Anzeigen, die ältere Menschen aktiv und schmerzfrei darstellen

3.1.2 Vier Gründe für die neue Ausrichtung der Corporate Identity am Fallbeispiel Kieser Training

Dank des veralteten Images, stand Kieser Training für viele Außenstehende für ein Fitnessstudio in dem nur kranke oder alte Menschen trainieren. Lediglich den Kunden war es bewusst das das Angebot von Kieser Training noch weitaus mehr kann und der Grundsatz und dieses galt es auch nach außen zu tragen. Angefangen mit dem neuen Leitsatz „Ja zu einem starken Körper.".

Auch die Farben Grau und Gelb der Corporate Identity wirkten veraltet, gerade die Farbe Gelb assoziierten viele mit einem Deutschen Discount Lebensmittelgeschäft und somit mit verminderter Qualität. Dabei ist das Angebot von Kieser Training Qualitativ viel hochwertiger und somit wurde das Gelb durch Blau ersetzt.

Das Kieser Training nicht nur was für alte und kranke Leute ist, spiegelt sich auch in der Zielgruppenanpassung wieder, diese wurde auf 30-50 Jahren gesetzt und wird mit entsprechenden Werbekampagnen erreicht. Diese Werbekampagnen sollen vor allem vermitteln das Kieser Training nicht der Lebensinhalt ist, sondern den Lebensinhalt fördern kann.

Die Entwicklung neuer Maschinentypen, gerade für das Sprunggelenk und den Beckenboden, sorgen dafür, dass das Interesse auch international an Kieser Training steigt. Das fördert natürlich geplante Expansionen und Markterschließungen im Internationalen Raum.

3.1.3 Veränderung der Corporate Identity anhand vier weiteren Unternehmen

Vodafone Deutschland, Vodafone Group und The Brand Union entwickelten gemeinsam 2013 eine neue Corporate Identity. Im Mittelpunkt steht ein Rhombus, der ab sofort das Logo des Unternehmens und die Werbebotschaft beherbergen soll und die ehemalige rote Vodafone-Box, die das Unternehmen seit mehr als 10 Jahren prägte, ablöst. Der Rhombus soll vor allem Dynamik, Kraft und eine starke grafische Fläche vermitteln. Grund für den Wechsel sei vor allem, dass die Gestaltungsform den heutigen medialen Erfordernissen einfach nicht mehr genüge war und die neue Corporate Identity bei der Gestaltung von Kampagnen wesentlich flexibler ist (Saal, 2013).

Nach über 20 Jahren verpasste auch Mastercard sich eine neue Corporate Identity um mit der immer moderneren digitalen Welt mitzuhalten. Das neue Logo soll vor allem die Einfachheit, Konnektivität, Nahtlosigkeit und Modernität ausdrücken. Ebenfalls wurde das früher groß geschriebene „C" in Mastercard nun klein geschrieben um visuell darzustellen, dass das Unternehmen nicht mehr nur eine Karte im Geldbeutel ist, sondern für

Sicherheit steht. Mastercard möchte damit vor allem zeigen das sie sich entwickeln und auch innovativ in der Zukunft bleiben, ohne die Sicherheit der Kunden zu vernachlässigen (Olenski, 2016) (Stalzer, 2016).

Nach einer Gewinneinbuße von 4,3% in den vergangenen Jahren veränderte auch das Unternehmen Subway seine Corporate Identity und verpasste dem Logo ein Redesign. Der Gelbton im Logo wurde etwas dunkler gestaltet und soll nun wärmer und satter rüberkommen. Auch die Umrandung des Logos verschwand und die Pfeile am Anfang und Ende wurden begradigt, dies soll die gerade Struktur des Unternehmens bekräftigen. Auch die Hingabe zur Frische soll das neue Logo nochmals verstärken (Schaffrinna, 2016).

Eine Überarbeitete Benutzeroberfläche ritt auch die Video-Plattform YouTube zu einer neuen Ausrichtung der Corporate Identity nach 12 Jahren. Das „Tube" im Schriftzug erscheint nun nicht mehr in Rot, stattdessen gibt es vor dem Schriftzug einen roten Playbutton. So soll das neue Logo die Vereinfachung der Benutzeroberfläche widerspiegeln (Berliner Zeitung, 2017).

3.2 Marktstrategien

3.2.1 Marktbearbeitungsstrategien und Wettbewerbsstrategien am Fallbeispiel Kieser Training

Kieser Training verfolgt im Rahmen der Marktbearbeitungsstrategie ein Differenziertes Marketing. Die Bedürfnisse aller Konsumenten, hier ein schmerzfreies Leben, gilt es möglichst passgenau zu befriedigen, dies schafft Kieser Training mit seinem präventiven und gesundheitlich-orientierten Training. Auch das Marketing ist an dieses Segment angepasst.

Durch die angestrebte Wettbewerbsstrategie, die Qualitätsführerschaft, grenzt an sich durch eine besondere Orientierung am Kundennutzen gegenüber Konkurrenten ab. Durch hochwertige Betreuung und Kooperation mit Ärzten und Physiotherapeuten hält man an dieser Führerschaft fest.

3.2.2 Zwei Strategien auf Basis der Produkt-Markt-Matrix nach Ansoff am Fallbeispiel Kieser Training

Durch die Entwicklung der neuen Maschinentypen für das Sprunggelenk und den Beckenboden, führt Kieser Training auf einem bestehenden Markt, neue Produkte/Leistungen ein und verfolgt hierbei die Strategie der Produkt-/Leistungsentwicklung.

Mit der Marktsegmentierung und Erschießung einer neuen Zielgruppe, die 30-50-Jähri-gen, bringt Kieser Training eine bestehende Leistung/Produkt auf einen für sich neuen Markt ein und verfolgt hierbei die Strategie der Marktentwicklung.

4 Digitalisierung in der Fitness- und Gesundheitsbranche

Die Wettbewerbssituation innerhalb der Fitness- und Gesundheitsbranche steigt steig an, insbesondere in Berlin, die mit 11,7 Anlagen pro 100.000 Einwohner einen enorm hohen Konkurrenzkampf ausgesetzt ist. Um hier nicht in der Masse unterzugehen, ist es wichtig sich an aktuellen Trends und Entwicklungen zu orientieren. In der Nachfolgenden Tabelle werden vier Vorschläge zur Umgestaltung eines solchen Fitnessstudios unter Einbezie-hung demographischer Gegebenheit, mögliche Risiken und entsprechenden Lösungsvor-schlägen ausführlich erläutert.

Tabelle 3: Vorschläge, Risiken und Lösungen um das "Fitnessstudio Kohl" zukunftsfähiger zu gestalten

Vorschläge	Risiken	Lösungsvorschläge
Der heutige Fitness Trend geht ne-ben dem allgemeinen Krafttraining an den Geräten immer mehr in Richtung des Funktionalen Trai-nings. (Thompson, 2017) Durch die Eingliederung eines Functional-Bereiches mit TRX, Kettlebells, Battle Ropes, Medizin-bälle, Vipr Racks, Balance Boards etc. kann auch diese Zielgruppe an-gesprochen werden. Der Bereich sollte zusätzlich mit einem speziel-len dämpfenden Bodenbelag aus-gelegt werden.	1. Die Kunden trauen sich eventuell nicht an das Functional-Equipment und so-mit bleibt es unge-nutzt.	1. Durch die Eingliederung wöchentlicher Kleingrup-penkurse und Trainings-plangestaltung im Functi-onal-Bereich können die Kunden leicht an das Equipment herangeführt werden.
Digitale Infopoints auf der Trai-ningsfläche die dem Kunden ein Übungskatalog mit Bildern und Vi-deos bieten, aber auch die Möglich-keit anonym Kurse, Kurs In-struktoren und Trainer zu bewerten. Die Auswertungen sind nur von der Geschäftsleitung einzusehen und spiegeln das Qualitätsniveau wie-der.	1. Kunden wissen nicht wozu oder wie der Infopoint zu bedienen ist. 2. Den Kunden den-ken der Trainer wird ersetzt und der persönliche Kontakt geht verlo-ren	1. Die Benutzeroberfläche muss sehr einfach zu handhaben sein, sodass jeder den Infopoint intui-tiv bedienen kann. Eben-falls muss jeder Kunde an den Infopoint von den Trainern herangeführt werden. 2. Dem Kunden muss be-wusstwerden, dass der Infopoint lediglich ein Zu-satz zum Trainer dar-stellt, falls dieser mal nicht ansprechbar bzw. nicht erreichbar ist. Das muss unbedingt vom Trainerpersonal vermit-telt werden.

Per App zu trainieren ist in der heutigen Zeit ein absolutes must-have. Deshalb wird eine Studiointerne App für das Fitnessstudio Kohl implementiert. Als Anbieter wird MyFitApp benutzt und mit der aktuellen Mitgliederverwaltungssoftware vernetzt. Zu den Funktionen der App zählen neben der Trainingsplanabrufung, Freunde werben bzw. zum Probetraining einladen, Kurse buchen, Übungskatalog einsehen, Feedback geben, von überall Kontakt zum Trainer aufnehmen mittels integriertem Messenger, Informationskanal (z.B.: Shake des Tages) und die selbstständige Zubuchung von Zusatzleistungen.	1. Es kann anfangs zu Fehlern innerhalb der App kommen. 2. Zu geringer Download Zahl bzw. Useranzahl.	1. Hier ist es wichtig, dass die App im Vorfeld von den Mitarbeitern getestet wird (Beta-Test) und anschließend von einer ausgewählten Gruppe an Kunden. 2. Es muss aktiv Promotion und Marketing für die App betrieben werden.
Gruppentraining ist so wichtig wie noch nie, genauso das HIIT-Training (Thompson, 2017). Deshalb wird das Kursangebot erweitert und zusätzlich zu dem vorhandenen Kursraum ein weiterer Kleingruppenkursraum gestaltet. Dieser beinhaltet folgende Geräte der Marke Matrix: zwei S-Drive Performance Trainer, zwei Rudergeräte, zwei Connexus Wall, sowie Equipment (TRX, Battle Rope etc.) In diesem Kleingruppenkursraum werden 2-Mal täglich á 60min Kleingruppenkurse im HIIT Stil abgehalten.	1. Geringe Auslastung des Raumes durch lediglich zwei Kurse am Tag. 2. Trainer wissen nichts mit den Geräten anzufangen.	1. Firmen und/oder Gruppen die Möglichkeit bieten, den Raum inklusive Trainer zu buchen zusätzlich zu buchen. Oder mehrere Kurse anbieten, wenn der Bedarf größer wird. 2. Trainer auf spezielle Schulungen für Kleingruppentraining, Functional und HIIT schicken.

5   Literaturverzeichnis

Arbeitgeberverband deutscher Fitness- und Gesundheitsanlagen [DSSV]. (29. September 2016). *Eckdaten der deutschen Fitness-Wirtschaft 2016 - Der Fitnessmarkt nach Bundesländern [Pressemeldung].* Abgerufen am 26. Juni 2018 von https://www.dssv.de/index.php?eID=dumpFile&t=f&f=3439&token=7feab8d6e c6ec46a4ca34e2aa416d9a429205479

Arbeitgeberverband deutscher Fitness- und Gesundheitsanlagen [DSSV]. (15. August 2017). *Eckdaten der deutschen Fitness-Wirtschaft 2017 - Der Fitnessmarkt nach Bundesländern [Pressemeldung].* Abgerufen am 26. Juni 2018 von https://www.dssv.de/index.php?eID=dumpFile&t=f&f=4556&token=59627c8d0 ab78ca408b274c2935ec0b8a5608c97

Arbeitgeberverband deutscher Fitness- und Gesundheits-Anlagen [DSSV]. (2018). *Fitness-Trend 2018: Betriebliches Gesundheitsmanagement (BGM).* Abgerufen am 01. Juli 2018 von https://www.dssv.de/presse/statistik/fitness-trends-2018/

Bea, F. X., & Haas, J. (2013). *Strategisches Management* (6. vollständig überarbeitete Ausg.). Stuttgart: Lucius & Lucius.

Berliner Zeitung. (30. August 2017). *Schon bemerkt? Youtube hat ein neues Logo – zum ersten Mal seit zwölf Jahren.* Abgerufen am 02. Juli 2018 von https://www.berliner-zeitung.de/digital/schon-bemerkt--youtube-hat-ein-neues-logo---zum-ersten-mal-seit-zwoelf-jahren-28250740

Bitkom e.V. (22. Februar 2017). *Mobile Steuerungszentrale für das Internet of Things.* Abgerufen am 01. Juli 2018 von https://www.bitkom.org/Presse/Presseinformation/Mobile-Steuerungszentrale-fuer-das-Internet-of-Things.html

Freeletics GmbH. (Februar 2017). *Presskit [Pressemeldung].* Abgerufen am 29. Juni 2018 von https://www.freeletics.com/en/press/wp-content/uploads/sites/24/2015/02/EN-Presskit-Febraury-2017_web.pdf

Kotler, P., Armstrong, G., Wong, V., & Saunders, J. (2011). *Grundlagen des Marketings* (5., aktualisierte Ausg.). München: Pearson Studium.

Kotler, P., Keller, K. L., & Bliemel, F. (2007). *Marketing-Management: Strategien für wertschaffendes Handeln* (12. Ausg.). München: Pearson Studium.

Kotler, P., Keller, K. L., & Opresnik, M. O. (2015). *Marketing-Management. Konzepte - Instrumente - Unternehmensfallstudien* (14. aktualisierte Ausg.). Hallbergmoos: Pearson.

Nieschlag, R., Dichtl, E., & Hörschgen, H. (1997). *Marketing* (19., durchgesehen Ausg.). Berlin: Duncker & Humblot.

Olenski, S. (14. Juli 2016). *The Story Behind Mastercard's New Logo*. Abgerufen am 02. Juli 2018 von https://www.forbes.com/sites/steveolenski/2016/07/14/the-story-behind-mastercards-new-logo/#46510b17198c

Runtastic GmbH. (14. Mai 2013). *Runtastic im Dauer-Sprint: 25 Millionen Nutzer und ein App-Download pro Sekunde [Pressemeldung]*. Abgerufen am 29. Juni 2018 von https://runtastic-gmbh.pr.co/45975-runtastic-im-dauer-sprint-25-millionen-nutzer-und-ein-app-download-pro-sekunde

Saal, M. (02. September 2013). *WARUM VODAFONE SEINE CORPORATE IDENTITY ÜBERARBEITET - Gregor Gründgens im Interview*. Abgerufen am 02. Juli 2018 von https://www.horizont.net/marketing/nachrichten/Warum-Vodafone-seine-Corporate-Identity-ueberarbeitet-Gregor-Gruendgens-im-Interview-116491

Schaffrinna, A. (08. August 2016). *Subway bekommt erstmals seit 15 Jahren ein neues Logo*. Abgerufen am 02. Juli 2018 von https://www.designtagebuch.de/subway-bekommt-erstmals-seit-15-jahren-ein-neues-logo/

Scherkamp, H. (26. August 2016). *9 Dinge, die sich bei Freeletics verändern*. Abgerufen am 2018. Juli 01 von https://www.gruenderszene.de/allgemein/freeletics-umsatz-app-daniel-sobhani

Stalzer, J. (14. Juli 2016). *Mastercard Updates its Iconic Logo and Brand Identity*. Abgerufen am 02. Juli 2018 von https://newsroom.mastercard.com/news-briefs/mastercard-updates-its-iconic-logo-and-brand-identity/

Thompson, W. R. (November/Dezember 2017). WORLDWIDE SURVEY OF FITNESS TRENDS FOR 2018: The CREP Edition. *ACSM's Health & Fitness Journal, 21*(6), S. 10-19.

Weis , H. C. (2015). *Maketing (Kompendium der praktischen Betriebswirtschaft)* (17. Ausg.). Herne: NBW Verlag.

6 Abbildungs- und Tabellenverzeichnis

6.1 Tabellenverzeichnis